Worte der Stille

Japanische Gedichte

Ausgewählt
von Waltraud Herbstrith
(Theresia a Matre Dei OCD)
eingeleitet
und mit Grafiken ausgestattet
von Reinhard Manner

Verlag aktuelle texte gmbh
D-88499 Heiligkreuztal

Die Deutsche Bibliothek – CIP-Einheitsaufnahme

Worte der Stille: japanische Gedichte / ausgew. und eingel. von Waltraud Herbstrith (Teresia a Matre Dei). – Heiligkreuztal : Verl. Aktuelle Texte, 1995
ISBN 3-921312-64-7

Die japanischen Schriftzeichen (Umschlag) bedeuten:
Worte der Stille
– Seijaku no kotoba –
geschrieben von Herrn Suzuki, Tokio,
einem japanischen Shinto-Priester.

静寂の
ことば

Gestaltung: Werbeagentur Achim Köppel,
D-72488 Sigmaringen
Herstellung: Edel Druck, D-88348 Saulgau

Gesetzt aus Times-Antiqua

Verlagsnummer 064
ISBN 3-921312-64-7

Inhalt

Zum Geleit

Zur vierzigjährigen ewigen Profeß von Waltraud Herbstrith am 1. November 1994 erscheint nachträglich die vorliegende Gedichtsammlung. Waltraud Herbstrith (Theresia a Matre Dei OCD), Priorin des Karmelitinnenklosters in Tübingen und bekannt durch zahlreiche Veröffentlichungen zu den Themen des geistlichen Lebens, hatte diese Gedichte aus Japan schon früher zusammengestellt. Nun war der Anlaß gegeben, sie erneut unter die Leute zu bringen — zu recht, meine ich. Denn es sind wirklich „Worte der Stille".

Es handelt sich um drei- bis fünfzeilige Gedichte aus tausend Jahren japanischer Dichtung. Es sind vor allem Haiku, also Gedichte, die im japanischen Original genau siebzehn Silben haben. Der Hintergrund dafür sind weitgehend die Lebenshaltung und die Ästhetik des Zen. Das bedeutet: Jeder Augenblick ist die Fülle des Lebens. Im Zustand der Bewußtseinshelle leuchtet an einem einzelnen Ding die ganze Fülle des Daseins auf. Die Dinge sind, was sie sind — satte Kraft und zarte Zerbrechlichkeit in einem. Die glitzernde Oberfläche des Lebens ist durchsichtig auf eine grenzenlose Tiefe hin. Das Absolute lebt im Relativen. Das läßt sich erfahren: Wer losläßt, empfängt.

Eine solche Lebenshaltung ist auch den besten Köpfen unserer eigenen Kultur nicht fremd. Meister Eckart zum Beispiel meinte:
„Jede Kreatur ist Gottes voll und ist ein Buch … Alle Kreaturen grünen in Gott … Wer alle Dinge empfangen will, muß alle Dinge hergeben."

Und Goethe bemerkte zu Eckermann: „Jeder Zustand, ja jeder Augenblick ist von unendlichem Wert, denn er ist ein

Repräsentant der ganzen Ewigkeit.“ Ein Kunstwerk sei so geformt, daß „das Besondere das Allgemeine repräsentiert, nicht als Traum und Schatten, sondern als lebendig-augenblickliche Offenbarung des Unerforschlichen.“ Wer es fassen kann, der faßt es, ob nun in Deutschland oder Japan. Ein einziger Geist ist es, der alles in allen bewirkt.

Die kleinen Gedichte lassen sich am besten genießen, wenn man sich in ruhige Stimmung bringt, ein einzelnes kleines Sprachkunstwerk auf sich wirken läßt und danach wieder ins innere Schweigen geht. Denn die Worte, die man gerade liest, kommen aus der Stille und führen in die Stille. Besinnliches Lesen eines einzelnen Gedichtes, zu verschiedenen Stunden und an verschiedenen Tagen wiederholt, erschließt den Text am meisten. „Langsamer ist besser“, langsames Lesen bringt mehr Genuß und mehr Einsicht.

Die beigefügten Grafiken im traditionellen Stil des Zen sollen diese Einstellung unterstützen. Sie wollen sparsam im Ausdruck sein und kraftvolle, lebendige Ursprünglichkeit vermitteln. In der Tiefe von allem wartet eine Leerheit, die sich menschlicher Bemühung entzieht; die Oberfläche des Schriftbildes will durchsichtig sein auf etwas Grenzenloses und Bestimmungsloses. Denn wie ein Haiku wohl im Anschluß an Laotse sagt:

Um das Leeren willen
hat der Meister
das Haus erbaut.

In der gewöhnlichen Haltung des Lesens, etwa wie man im Alltag eine Zeitung überfliegt, sind die Gedichte und Graphiken kaum zugänglich. Sie verschließen sich für den eiligen Leser und sie öffnen sich erst, wenn man das gewöhnliche Tempo drosselt.
Also Langsamkeit entdecken … hier und jetzt!

Reinhard Manner

(Licht)

I

Ich ging —
aber der Himmel blieb fern

Ein Licht
entzündet sich am andern
in der Frühlingsnacht.

Buson

In Kyoto bin ich,
doch beim Schrei des Kuckucks
sehn ich mich nach Kyoto.

Bashō

Eingeschneit, allein —
da ist etwas, das ich ihn
fragen möchte, den Buddha.

Shiki

Wintermond,
ein Tempel ohne Tor.
Wie hoch der Himmel!

Buson

Die Glocke hat den Tag
hinausgeläutet. Der Duft
der Blüten läutet nach.

Bashō

Auch auf der kleinsten Insel
hat der Bauer im Feld
über sich eine Lerche.

Issa

Der Frühling geht –
die Vögel schrei'n ihm nach,
in den Augen der Fische sind Tränen.

Bashō

Paß auf, Heuschreck,
daß du mir nicht den schönen Tau
in Scherben trampelst!

Issa

Ja, Schnecke,
besteig den Fuji, aber
langsam, langsam!

Issa

Komm in die Hütte
und bring vom Winde mit,
der durch die Fichtenzweige weht.

Bashō

Nichts
in der Stimme der Zikade sagt,
wie bald sie sterben wird.

Bashō

Mond und Blumen, ach –
neunundvierzig Jahre
umhergegangen und die Zeit vertan.

Issa

Ich hatte vor,
nicht älter zu werden –
aber die Tempelglocke…

Joto

Vollmond im Herbst.
Die ganze Nacht bin ich
rund um den Teich gegangen.

Bashō

Vollmond im Herbst —
schattenhafter als Bäume und Gras
die Menschenschatten

Baishitsu

Groß und hell der Mond.
Ich ging und ging, aber
der Himmel blieb fern.

Frau Chiyo-ni

An einem Abend im Herbst
ist es nicht leicht,
ein Mensch zu sein.

Issa

Tiefer Herbst.
Mein Nachbar. –
wie mag's ihm gehn?

Bashō

Der Herbstwind bläst –
wir leben und können
einander sehen, du und ich.

Shiki

Diesen Weg
geht niemand
an diesem Herbstabend.

Bashō

Auch wohlwollend betrachtet:
Das Gesicht im Spiegel
zeigt kalte Züge.

Issa

So hat mein Vater schon
die Berge gesehen,
eingeschneit, allein.

Issa

(Der Weg ist das Ziel)

II

Viel Vergessenes kommt vor die Seele

Ihr meint, das Leben sei kurz?
Mir schien der Traum
so lange.

Yokoi-Yayū

Welch ein Tag!
Frühlingsseligkeit in allem!
Selbst der lahme Bettler
sieht heute glücklich aus.

Kito

Vom Regen überrascht,
lief ich ins Haus.
Doch sieh,
schon ist der Himmel wieder blau!

Izembo

Ich stand und sah nach dem Mond.
Da kamen Leute und fragten noch,
nach was ich blicke!

Bakusui

Kahl uns zerstört von Blitzen
sah ich den Kirschbaum im Herbst.
Doch jetzt — wie ist er übersät mit Blüten!

Kikaku

Mein Gartenhäuschen verbrannte.
Nun steht nichts mehr
zwischen mir und dem Mond.

Masahide

Ein glitzerndes Glühwürmchen!
»Sieh!« wollt' ich rufen,
doch ach, ich war allein!

Taiji

Zum Fest der Blumen
geht an der Hand der Mutter
ein blindes Kind.

Kikaku

Viel Vergessenes
kommt vor die Seele,
wenn die Kirschbäume blühen.

Bashō

Welch unendliche Einsamkeit!
Nur das Zirpen der Zikaden
dringt durch die Felsen zu mir.

Bashō

Grelleuchtende Blitze!
Wer dächte da wohl nicht
an die Vergänglichkeit des Lebens.

Bashō

Was meine Welt war, entschwand.
Verflogen ist mein Leben
gleich dem von Windenblüten.

Arakida Moritake

Was brauch ich Öl zur Lampe?
In meine kleine Stube
scheint hell der Mond.

Bashō

Ich mußte niesen, und
als ich aufsah,
war die Lerche entschwunden!

Yokoi-Yayü

Der Abendwind weht.
Ganz leise erzittern
die weißen Rosen.

Shiki

Hat man Lotosblumen gesehen,
dann weiß man nichts mehr
von anderen Blüten.

Shunsui

Laßt das Schluchzen, Zikaden!
Auch die Sterne
müssen sich trennen!

Issa

Weh, kleiner Vogel, merkst du's nicht?
Den Baum will man fällen,
auf dem dein Nestchen hängt!

Issa

Ein kurzes Obdachsuchen-gehen
vor einem Regenschauer.
Glaubt mir, nichts andres ist das Leben!

Sogi

Wenn du im Frühling wiederkehrst,
vergiß mein Häuschen nicht,
fortziehende Schwalbe!

Issa

Nacht senkt sich über das Meer.
Die Stimmen der Wildenten
sind schon ganz leise geworden.

Bashō

O du Vergangenheit!
Entstanden aus langsam
sich mehrenden Tagen.

Buson

Eine kleine erfrorene Heuschrecke
machte mich heute
bitterlich weinen.

Kito

Jetzt ist das Wandern zu Ende.
Über welke Heide
gleitet mein Traum.

Bashō

Dreh dich nur weiter, Mühlrad!
Nur wenn du rastest
wird das Wasser zu Eis.

Keirin

Einen Vogel zum Gefährten,
wandre ich einsam
durch ödes Gelände.

Senna

Der Schnee hat alles weggenommen,
alle Felder, alle Hügel.
Nichts mehr ist übriggeblieben.

Joso

Im Winter
da sagen die Leute:
»Im Sommer, ach, ist's viel besser!«

Onitsura

In einem Eiskristall
ruht gefangen
ein rotes Ahornblatt

Shiki

Das Jahr geht zur Neige,
und immer noch bin ich
im Pilgerhut und in Wanderschuhen!

Bashō

Das alte Jahr ging fort
unter Stoßen und Drängen
und hat sich nie mehr umgeblickt.

Senkaku

(geh weiter)

III

Ein Knecht, mehr nicht

Was ist unser Leben?
Ein Baum am Wege,
um unterzustehen.

Sogi

Ich habe an deinen Spuren geruht,
Geliebter,
im Schnee der Berge.
Wenn du wiederkehrst,
bin auch ich ein Weg voller Schnee,
und deine Spuren ruhen in mir.

Aus dem Manyoshu

Ein Knecht, mehr nicht,
unwissend, der Arbeit verfallen,
wünsche ich doch
in den Wolken bewahrt
den Schall meiner Schritte.

Tamba no Tsunenaga Ason

Trete ich vor meine Tür, abends,
grüßt mich rings
der orangene Glanz meiner Einsamkeit.

Mönch Ryozen

Von Rispe zu Rispe fallend,
wähnt der Tautropfen
sich selbst zu tanzen.

Joso

Bewahre mir, Nacht, mein Erinnern –
denn die Tage fliehen die Stunde,
da ich ein Herz begrub.

Raizan

Arm in Arm
mit meinem Schatten –
der Mond begleitet uns heim.

Sodo

(Stille)

IV

O laß mich einmal noch dein Antlitz sehen

Viele Gedichte klingen wahr.
Aber die tiefste Wahrheit lebt in denen,
die einfach sind wie Kinderworte.

Mutsuhito

Wer hat die Liebe
Liebe genannt?
Ihr wahrer Name ist Tod.
Denn wen die Liebe überkommt,
den überkommt der Tod.

Unbekannter Dichter

O süßes Mondlicht! –
Wenn ich wiedergeboren werde,
will ich ein Föhrenwipfel sein.

Buson

O Wind, der um den Fuji weht,
könnt ich doch einen Hauch von dir
in meinem Fächer mit nach Hause nehmen.

Bashō

Mein Gott, flüstere ich, mein Gott,
als ich den Blütentraum erblickte
am Berg von Yoshino.

Yasuhara Teishitsu

Regungslos mit umgehängtem Mantel
blickt ein alter Mönch
zu den blühenden Kirschzweigen auf.

Shido

Wenn du singen könntest, Schmetterling,
hätten sie dich längst
in einen Käfig getan.

Bashō

Wie wundersam die Welt
im Mondlicht dämmert!
Kommt doch heraus und seht's euch an!
Zum Schlafen ist am Tage Zeit genug.

Matsunaga Teitoku

Wenn ihr nicht wäret,
lichtdurchschienene Kirschblüten,
warum sollte ich noch leben?

Nonne Chigetsu

Jetzt müßt ihr mit mir spielen,
Sperlinge.
Auch ich habe keine Mutter mehr.

Issa

Hörst du mich, träumender Schmetterling?
Erwache doch
und sei mein Bruder.

Bashō

Was mag das Mohnblatt fühlen,
wenn es niederschwebt
leiser noch als leise?

Ochi Etsujin

Bleib sitzen, kleiner Frosch!
Hab keine Angst!
Ich bin es doch, Issa!

Issa

Auf meiner Wanderung durch die Einöde
vernahm ich den Gesang der Grille.
Es war ein leiser Ruf der Heimat.
Ich kniete nieder
und senkte mein Gesicht ins Heidekraut.

Unbekannter Dichter

Ist da ein abgefallenes Blatt
an seinen Zweig zurückgeschwebt?
Ach nein, es war ein Schmetterling.

Arakida Moritake

Ich will von den beiden Meeren,
die ewig steigen und fallen,
von Tod und Leben
will ich nichts mehr wissen.
Meine Sehnsucht steht nach einem Gipfel,
den die Wasser nicht erreichen.

Unbekannter Dichter

Allenthalben waltet das Irrsal
auf dieser Erde.
Es hilft nichts, daß ich ins Gebirge
geflohen bin.
Hier schreien die Hirsche voller Qual.

Fujiwara no Toshinari

Selige Ahornblätter!
Wenn ihr vollkommen seid,
sinkt ihr ins Nichts.

Shiko

Dunkelrot geht der Mond
hinter den Bergen unter.
Ein Bild voller Schwermut.
Ich sehne mich
nach dem Leuchten der Ewigkeit.

Suehiro

Wenn der Wind
durch die Föhre streicht,
die auf dem Gipfel steht,
ertönt sie wie ein Saitenspiel.
Wo hat er diese Kunst gelernt?

Tempelmädchen Saigu No Nyogo

Über die donnernden Wogen der See
wölbt sich der Schimmer der Milchstraße
schweigend hinüber zur Insel Saho.

Bashō

Ich muß bald sterben.
O laß mich einmal noch
dein Antlitz sehen,
daß ich es nicht vergesse
in jener Welt!

Frau Idzumi Shikibu

Kommt ins Helle und atmet nicht!
Was für eine zarte Welt,
diese Schneeflocke!

Bashō

Der Klang der Tempelglocke
hallt von fernher
durch die eisige Winternacht.
Ich denke an den frierenden Mönch,
der sie läutet.

Mutsuhito

(Leerheit)

V

Mein Lied ist mein Leben

Im Ungesagten
das Unsagbare
sagen.

Toyotama Tsuno

Wenn einen Menschen
ich finde, der sich von meinen
Versen rühren läßt —
nur einen einzigen —,
dann will ich gerne sterben.

Ochi-ai Naobumi

Mein Grab —
wer von den Freunden wird
es dann besuchen:
als ich des Nachts
wach lag, zählte ich sie.

Ochi-ai Naobumi

Als die Menschen heimgingen,
nach dem Feuerwerk —
welche Dunkelheit.

Skiki

Mein Lied
ist mein Leben.
Meine Lieder, das sind
meine Tränen,
mein Blut.

Sasaki Nobutsuna

Wir wandeln uns.
Mein Selbst von gestern,
das Ich von heute –
welches mag wohl
das wahre Ich sein?

Sasaki Nobutsuna

Ob auf dem Weg
eine Spur bleiben wird
oder nicht –
bedachtsam
will meinen Weg ich gehn.

Sasaki Nobutsuna

Auf der Flöte von Stroh
blas ich — dennoch kein Ton.
Das Herz von einst,
als ich ein Kind war,
das hab ich vergessen.

Kaneko Moto-Omi

Wenn aus dem Nebenzimmer
die Stimmen der lesenden
Kinder dringen,
verlange ich aus Herzensgrund
nach Leben.

Shimaki Akahiko

Ein Wandermönch,
im Nebel versinkend —
des Glöckchens Tönen.

Naito Meisetsu

Wäre den Gräsern
auf den Fluren
Sprache verliehn,
wären da Tränen,
würden Gedichte sein.

Yosano Tekkan

Ach, können wir der nächsten
Welt uns anvertrauen? Was,
wenn dieser Mensch
und diese Schatten der Blumen
dort nicht sind?

Kawada Jun

Das offenen Mundes
den fallenden Blüten nachschaut:
dies Kind ist Buddha!

Otami Kubutsu

Seltsam-erregend
des Morgens in der Straßenbahn:
die Mitfahrenden
sehen aus, als wären sie
ein jeder ohne Sünde.

Saito Mokichi

Dann also
wünschen Sie gar nicht,
lange zu leben?
fragte der Arzt.
Mein Herz schwieg.

Ishikawa Takuboku

(laß alles los)

VI

Was ist Wahrheit?

Um des Leeren willen
hat der Meister
das Haus erbaut.

Toyotama Tsuno

Was ist die Wahrheit?
Was die Maler malen,
wenn sie es nicht malen.

Wenn der Rauch sich verflüchtigt,
der aus der Opferschale emporsteigt,
ist sein Duft am reinsten.

Nur wer das Licht auslöscht,
gewahrt im Fensterviereck
die Tiefe der Sternennacht.

Abendschatten.
Unbemerkt
hat sich das Licht des Leuchtturms
entzündet.
So ist auch die Liebe
in mir entstanden.

Der Blütenzweig,
den du vom Baume brichst,
nimmt ein neues Wesen an.

Wenn der Sturm sie packt,
verschließt die Birke sich.
Der zarten Berührung aber des Regens
gewährt sie
ihren geheimen Duft.

Die Blume betrachten,
sie sich öffnen will:
ein Ahnen vom Ursprung der Welt.

Wenn du nachts
in der fremden Stadt
eine sanfte Berührung
auf deinem Herzen fühlst,
dann ist es meine Hand.

Bei Sonnenschein und Regen,
immer ist diese Straße schön,
sie ist die schönste Straße der Welt.
Hier bin ich ihm zum erstenmal begegnet.

Seit ich dich liebe,
bin ich nur ich,
wenn ich nicht mehr ich bin.

Der Wind kommt von Westen,
der behutsam über mein Gesicht streicht,
von Westen, wo du weilst.
Er muß deine Hände
berührt haben.

Der Ton der Tempelglocke
von jenseits der Bucht:
daß er verklingt, macht ihn so schön.

Vergebt mir, gewaltige Gipfel,
daß der Angstruf eines Vogels
in den Wäldern zu euren Füßen
mein Herz tiefer erbeben läßt
als eure Göttereinsamkeit.

Floß hinter Floß
gleitet den Strom hinunter,
und wieder eins und immer wieder eins.
So unaufhörlich gehen meine Gedanken
zu dir.

Bei meinem Besuch im Elternhaus
bin ich erkrankt.
Nun liege ich auf meinem Lager
und höre die Mutter leise umhergehn.
Geborgenheit, o Geborgenheit!

Zwei gesunkene Blätter neben der Vase.
Nun steht der Hibiskuszweig
im Geheimnis der Welt.

Die gelbe Chrysantheme
läßt zwei Blütenblätter sinken,
und dann noch eins und wieder eins.
Es sieht aus,
als begänne sie zu erwachen.

Die anderen hören, was du sagst.
Ich höre aber,
was du nicht sagst.

Immer liebe ich dich.
Am tiefsten aber,
wenn du mich belügst.

Vollkommenheit
erlangt nur der Baum,
der allein steht.

Der Arzt,
der niemals krank war,
ist nur ein halber Arzt.

Als meine Liebe
unbedroht war,
kannte ich ihre Tiefe noch nicht.

Jeden Abend
lege ich meine Stirn
auf die Türschwelle.
Sie ist das Letzte,
das er berührt hat.

Immer wieder
zieht sich mein Herz zusammen,
wenn draußen in der Wintersonne
lachende Menschen vorübergehen.
Ich habe das Kranksein noch nicht gelernt.

Es hilft dem Ertrinkenden nichts,
daß er weiß, wie tief das Meer ist,
in dem er versinkt.

Es geht zu Ende.
Ich denke darüber nach,
was mich am tiefsten bewegt hat
in meinem Leben:
dein Angesicht im Schlaf.

Krank sein –
ich könnte auch sagen:
wissend werden.

Autorenverzeichnis (chronologisch)

Mönch Ryozen	um 1000
Frau Idzumi Shikibu	988–1074
Fujiwara no Toshinari	1113–1204
Tamba no Tsunenaga Ason	12./13. Jahrh.
Suehiro	13. Jahrh.
Sogi	1421–1502
Sokan	1465–1533
Arakida Moritake	1472–1549
Matsunaga Teitoku	1571–1653
Yasuhara Teishitsu	1610–1673
Nonne Chigetsu	1634–1706
Sodo	1641–1716
Bashō	1644–1694
Senna	1650–1723
Raizan	1654–1716
Masahide	1656–1723
Kikaku	1661–1707
Onitsura	1661–1738
Joso	1663–1704
Shiko	1665–1731
Shido	um 1670
Keirin	17. Jahrh.
Shunsui	17. Jahrh.
Ochi Etsujin	† 1702

Izembo	† 1710
Frau Chiyo-ni	1701 – 1775
Yokoi-Yayü	1702 – 1783
Taiji	1709 – 1772
Buson	1715 – 1783
Bakusui	1720 – 1783
Kito	1740 – 1789
Issa	1763 – 1827
Baishitsu	1768 – 1852
Naito Meisetsu	1847 – 1926
Mutsuhito	1852 – 1912
Ochi-ai Naobumi	1861 – 1903
Shiki	1866 – 1902
Kaneko Moto-Omi	1868 – 1944
Sasaki Nobutsuna	1872 – 196?
Yosano Tekkan	1873 – 1935
Otami Kubutsu	1875 – 1943
Shimaki Akahiko	1876 – 1926
Saito Mokichi	1882 – 1953
Kawada Jun	1882 – 196?
Ishikawa Takuboku	1885 – 1912
Frau Toyotama Tsuno	1896 – 1928
Joto	
Tempelmädchen Saigu no Nyogo	

Quellenverzeichnis

Die Gedichte sind folgenden Büchern entnommen:

I Haiku. Bedingungen einer lyrischen Gattung. Übersetzung und ein Essay von Dietrich Krusche, Horst Erdmann Verlag, Tübingen und Basel, 2. Aufl. 1972

II Ihr gelben Chrysanthemen! Nachdichtungen japanischer Haiku von Anna von Rottauscher, Verlag W. Scheuermann, Wien und Leipzig, 1941

III Werner Helwig, Klänge und Schatten. Nachdichtungen japanischer Texte, Claassen Verlag GmbH, Hamburg und Düsseldorf, 1972

IV Manfred Hausmann, Liebe, Tod und Vollmondnächte. Japanische Gedichte, S. Fischer Verlag, Frankfurt/M., 56.–71. Tausend 1963

V Im Schnee die Fähre. Japanische Gedichte der neueren Zeit. Aus dem Japanischen übertragen von Günther Debon, R. Piper & Co. Verlag, München, 13.–20. Tausend 1956

VI Manfred Hausmann, Gelöstes Haar. Japanische Gedichte von Toyotama Tsuno. S. Fischer Verlag, Frankfurt/M., 9.–14. Tausend 1966

Wir danken den Verlagen für die Abdruckerlaubnis.

Fuji: heiliger Berg Japans
Kamakurazeit: 12./13. Jahrhundert
Manyoshu: Sammlung von Liedern aus dem 7. und 8. Jahrhundert